Cómo superar la soledad

D1732433

Cómo superar la soledad

Escrito por
Daniel Grippo

Ilustraciones de
R.W. Alley

SAN PABLO

Centro Iberoamericano de Editores Paulinos (CIDEP):
Barcelona, Bogotá, Buenos Aires, Caracas, Guatemala, Lima, Lisboa,
Los Ángeles, Madrid, México, Miami, Nueva York, Panamá, Quito,
Santiago de Chile, San José de Costa Rica, São Paulo, Sevilla.

3ª edición

© SAN PABLO 1996 (Protasio Gómez, 11-15. 28027 Madrid)
    Tel. (91) 742 51 13 - Fax (91) 742 57 23
    E-mail: secretaria.edit@sanpablo.es
© Abbey Press - St. Meinrad, Indiana 1990

Título original: *Loneliness therapy*
Traducido por *Adoración Pérez*

Distribución: SAN PABLO. División Comercial
Resina, 1. 28021 Madrid * Tel. 917 987 375 – Fax 915 052 050
E-mail: ventas@sanpablo.es
ISBN: 978-84-285-2496-4
Depósito legal: M. 32.503-2007
Impreso en Artes Gráficas Gar.Vi. 28970 Humanes (Madrid)
Printed in Spain. Impreso en España

Antes de empezar

¿Te sientes solo? Sin embargo, no estás definitivamente solo.

La soledad está muy arraigada en nuestra sociedad contemporánea. Parece que cuanto más deprisa vamos y cuanto más dependen nuestras conexiones de la alta tecnología, con mayor frecuencia nos sentimos solos y desconectados.

La soledad indica que existe desequilibrio, que nuestras vidas sufren alguna carencia. El motivo puede ser la muerte de un ser querido. También una enfermedad grave puede desequilibrar nuestra vida y hacernos sentir solos. La soledad es todavía más dura si va acompañada del dolor o la enfermedad.

Tanto si tu soledad está motivada por estas o por otras circunstancias cualquiera de la vida, *Cómo superar la soledad* puede ayudarte. Explora varias experiencias –unas pasajeras, otras más crónicas– que pueden causar soledad, y ofrece sugerencias prácticas para encontrar alivio.

La buena noticia consiste en que, tras la soledad, *hay* vida. Es posible superar el aislamiento y llegar a sentir –y experimentar– conexión y pertenencia. Este libro quiere ayudarte a buscar el modo de conectar contigo mismo, con los demás y con Dios.

1.

Todos nos sentimos solos de vez en cuando. Un poco de soledad, como también un poco de lluvia, suele caer sobre cada uno de nosotros. Generalmente los cielos se despejan pronto, pero cuando no sucede así, es señal de que necesitamos mirar más en profundidad.

2.

La soledad persistente es un sentimiento que nos avisa de que nuestra vida sufre alguna carencia o desequilibrio. La soledad no es el problema, es el *síntoma* que nos da a entender la existencia de un problema.

3.

Cualquier cosa que afecte al normal equilibrio conseguido en tu vida te puede llevar a sentirte solo. Muchas de las grandes transiciones de la vida pueden producirte esa sensación de aislamiento, a veces temporalmente, otras durante más tiempo.

4.

Cuando muere alguien a quien quieres mucho, la sensación de soledad puede ser aplastante. Te sientes abandonado, solo, como navegando a la deriva en aguas desconocidas.

5.

Una enfermedad grave, especialmente si no te permite salir de casa, puede hacerte sentir muy solo. El dolor y el temor propios de la enfermedad aumentan tu sensación de aislamiento.

6.

En caso de enfermedad o cuando la muerte se ha llevado a un ser muy querido, la visita de un amigo puede ayudar mucho a levantar los ánimos. No temas pedir que te visiten: un buen amigo nunca dejará escapar la oportunidad de estar contigo cuando necesitas su compañía.

7.

Cuando se rompen unas relaciones, o una persona querida se marcha de casa, la experiencia de la soledad es inevitable, especialmente si se queda uno en un «nido vacío». Buscar intereses que te unan a otras personas puede servirte de ayuda.

8.

Ocurre también con frecuencia que uno se encuentra solo en medio de una multitud. De hecho, lo que cuenta no es el número de personas que están a tu alrededor, sino el que tú te encuentres más o menos en conexión con ellas.

9.

Sentirse solo mientras los demás
están de fiesta es especialmente
duro. Es posible que también
otras personas se sientan así
y les gustaría poder conversar.
¡Búscalas!

10.

La gente cambia mucho de lugar hoy día, por eso es frecuente sentirse desconectado del propio entorno. Cuando tus mejores amigos se marchan lejos, ciertamente aumenta tu sensación de aislamiento.

11.

Algo tan sencillo como suscitar una conversación con un vecino por encima de la valla puede bastar para ayudarte a sentirte de nuevo comunicado. También puedes organizar un «rastrillo» y, ¡veamos quién acude!

12.

El voluntariado es un gran medio para sentirte conectado con tu entorno y hacer nuevas amistades, al mismo tiempo que contribuyes a mejorar nuestro mundo. A veces salir de ti mismo es el camino más apto para sentirte mejor.

BELLA COLINA
recogida de beneficencia

13.

Cuando los problemas o las disensiones familiares te hagan sentir solo o excluido, intenta un acercamiento que pueda curar la brecha abierta. Haz lo que puedas para que tus seres queridos vuelvan a unirse.

14.

Los días de fiesta ofrecen una buena ocasión para cálidas celebraciones, pero a veces pueden dejarte frío y solo, especialmente si has perdido recientemente a una persona querida.

15.

Los aniversarios, los cumpleaños y otros importantes «hitos» son también muy difíciles después de la muerte o de la marcha de un ser querido. Procura pasar un tiempo con algún amigo en esos días difíciles, o servirte de algún ritual sencillo que te reconforte.

16.

La pérdida del empleo es también un duro golpe a varios niveles. Puede provocar una enorme sensación de aislamiento. Mientras buscas un nuevo empleo, contacta también con personas que comprendan por lo que estás pasando y que puedan ayudarte.

17.

Cambiar de residencia puede ser emocionante. Pero también es posible que suscite sentimientos de soledad durante algún tiempo. Procura, poco a poco, ir haciendo nuevas amistades.

18.

Comenzar a trabajar en un nuevo
empleo viene a ser una aventura.
Pero durante algún tiempo
es posible que te sientas
como inadecuado y fuera de lugar,
hasta que empiezas a conocer
a los nuevos compañeros
de trabajo. Ten paciencia; pronto
te encontrarás mejor.

19.

El reloj de oro, regalo de tu jubilación, es muy bonito, pero no podrá suplir la camaradería que disfrutabas con tus compañeros. Utiliza tu recién estrenada libertad para encontrar nuevos modos de ser activo y comprometido.

20.

La temporada de tu equipo ha terminado, la compañía de teatro de tu barrio ha cerrado, el gran proyecto de trabajo de grupo ha concluido y todos vuelven a casa; ¿qué haces ahora? Es duro bajar de las «alturas» que proporciona el trabajo con un fin común.

21.

También los niños pueden sentirse solos. Ser «diferente» de los otros niños, tanto si se trata de ser más inteligente como un poco más lento, demasiado alto o excesivamente bajo, puede llevar a los pequeños a sentirse solos y excluidos.

22.

Ser de distinto color o hablar otro idioma, ser de alguna forma diferente, puede hacer que una persona de cualquier edad sienta que otros la rehúyen. Sentirse evitado no es precisamente agradable. Por suerte, hay mucha gente que acoge y abraza la diversidad. Busca a estas personas.

23.

Si eres discapacitado, tal vez
te parezca que no hay nadie
en el mundo que comprenda
«lo que eso significa». Pero *hay*
quienes lo comprenden;
no te canses de buscarlos.

24.

Los mayores no siempre son tratados con el respeto y la dignidad que merecen. Si notas que por ser anciano te encuentras aislado e infravalorado, ponte en contacto con alguna agencia de servicios sociales o con tu iglesia local e infórmate acerca de sus programas para los mayores. ¡Tienes mucho que compartir con un mundo donde escasea la sabiduría!

25.

A veces no se trata de quién eres, sino de algo que has hecho y que te deja una sensación de aislamiento. Si haces algo que aleja a los demás, admítelo y pide perdón. Procura estar también dispuesto a perdonar a los demás sus faltas. La reconciliación vence en gran medida la soledad.

26.

El aislamiento persistente ha de
ser arrancado de raíz, lo mismo
que se hace con las malas hierbas
que crecen en el jardín. Busca
respuestas a preguntas como:
¿En qué momentos me siento más
solo? ¿Sigue mi soledad alguna
pauta particular? ¿Qué es lo que
más suele ayudarme cuando
me siento así?

27.

Si no nos preocupamos por mitigar nuestra soledad, esta puede conducirnos a comportamientos compulsivos y de adicción. La soledad aguda produce un malestar tan grande que es necesario poner remedio inmediatamente para evitar que nos hagamos daño a nosotros mismos o a los demás.

28.

Hay cosas en la vida que no se pueden cambiar, pero otras podemos cambiarlas. Haz una lista de los cambios que puedes empezar a hacer y que te ayudarán en los momentos en que te sientes más solo.

29.

Procura ampliar el espacio de tus actividades y asociaciones. Toma unas clases, apúntate a un club, practica algún deporte, dedica más tiempo a convivir con una comunidad de fe. Una vida activa deja poco espacio al aislamiento.

Curso de cocina

30.

Si, a pesar de tus esfuerzos, el aislamiento persiste, consulta a un consejero profesional o a un director espiritual. Ellos pueden ayudarte a encontrar la salida a través del entramado de emociones que rodean la soledad.

31.

A veces la soledad va acompañada por un sentimiento de vacío espiritual. Si te sientes distante de Dios, difícilmente podrás sentirte cerca de tu prójimo.

32.

Un modo de restablecer la conexión con Dios es encontrar un tiempo y un lugar en los que rezar y meditar o, sencillamente, sentarte tranquilamente. Conectar con tu interior te ayudará también a unirte a los otros.

33.

Cuando sientas que la soledad te rodea, recuerda que siempre hay Uno que camina a tu lado.

34.

Cuando estás en oración, solo o con otros, puedes pedir a Dios que colme ese vacío interior que sientes. Confía en que Él responderá a tus ruegos.

35.

Recuerda que estar solo no es lo mismo que sentirse solo. Hay momentos en que uno se siente bien estando solo. Y si te sientes bien y en paz, significa que tu soledad es de signo positivo y provechosa para el alma.

36.

Aprovecha los momentos de soledad para reflexionar sobre lo bueno que los tiempos de aislamiento pueden haberte enseñado. Puede que hayas caído en la cuenta de lo mucho que significa para ti determinada persona; puede que hayas aprendido que es necesario acercarse a los demás para sentirte conectado y vivo.

37.

Aunque la soledad es un sentimiento muy penoso, las enseñanzas que puedes extraer de esta experiencia son una bendición. Cuando consigas salir del aislamiento a una sensación de comunicación más intensa, disfruta de esa intuición: ¡te la has ganado!

Daniel Grippo es editor de One Caring Place división de Abbey Press y de TrueQuest Communications, de Chicago. Es autor, en esta misma colección de *El trabajo bien hecho* y de *Cómo superar las preocupaciones.*

R. W. Alley es ilustrador de Abbey Press Elf-help Books y se dedica también a escribir e ilustrar libros para niños . Vive en Barrington, Rhode Island, con su esposa y sus hijos.